DIESES BUCH GEHÖRT:

_____

1. Auflage 2015
© Ueberreuter Verlag GmbH, Berlin 2015
ISBN 978-3-7641-5062-4

Herausgeberin: Kathrin Köller
Idee und Text: Kathrin Köller
Mitarbeit: Friederike Peters
Umschlag- und Innenillustrationen: Julia Dürr
Grafikdesign und technische Umsetzung: finedesign – Büro für Gestaltung, Berlin
Druck und Bindung: Factor-Druk, Kharkiv

Fotonachweis:

Shutterstock: © Anastasija Popova (S. 9 Pegasus und S. 56), © Catmandu (S. 7 und S. 11 unten),
© Robert L. Kothenbeutel (S. 14), © Al Mueller (S. 15), © Kolomiti Akuma (S. 16 stehender Pinguin),
© Christian Musat (S. 16 schwimmender Pinguin), © Andrea Dragomir (S. 16 Eisberg), © Niyazz (S. 16
unter Wasser), © KMW Photography (S. 17 Strauss und S. 57), © tandemich (S. 17 Hintergrund unten),
© Matej Kastelic (S. 18/19), © Nicku (S. 22 links und S. 57), © Everett Historical (S. 24 links), © Margo
Harrison (S. 29 3. v .unten, S. 46/47 und S. 59), © 135pixels (S. 37 oben), © Elena Yakusheva
(S. 38), © Idambies (S. 38/39 und S. 58), © Evgeny Karandaev (S. 40/41 und S. 48/49 Hintergrund),
© supergenijalac (S. 42 rechts), © Ekashustrova (S. 43 links), © Burben (S. 44 rechts), © Andrey
Kuzmin (S. 47 Etikett), © Tom Karola (S. 49 oben), © dmvphotos (S. 49 Mitte), © KWJPHOTOART (S. 49
unten), © Everett Historical (S. 54 Sojus), © PremiumVector (S. 54 Mahlzeit)

Fotolia: © determined (S. 8/9 Hintergrund), © Ilka Akinshin (S. 12), © robert cicchetti (S. 13 und S. 29
unten), © Eric Isselée (S. 18 unten), © Juulijs (S. 7 und S. 23), © Sascha Wilsrecht (S. 22-25, 42 und 43
Polaroids), © teteline (S. 29 2. v. unten, S. 40/41 und S. 58), © estivillml (S. 30), © senohrabek (S. 29
2. von oben, S. 31 2. v. unten, ganz unten und S. 57), © scottward (S. 31 oben), © ArchMen (S. 31 3.
v. unten), © orelphoto (S. 7 und S. 35), © Photobank (S. 36 und S. 58), © javier brosch (S. 37 unten),
© B. Wylezich (S. 45 links), © Gerhard Seybert (S. 45 rechts), © rodimovpavel (S. 47), © lucavicari
(S. 50/51)

iStockphoto: © rob wilson39 (S. 8 Hermes und S. 56), © epixx (S. 9 Ikarus und S. 56), © MR1805
(S. 11 oben), © Craig Dingle (S. 17 oben), © Hulton Archive (S. 22 rechts), © igs942 (S. 25 rechts),
© ssuaphoto (S. 26), © buchachon (S. 29 oben), © Maciej Noskowski (S. 32/33), © PinkBadger
(S. 6 und S. 34/35), © Fitzer (S. 39), © pic4you (S. 44/45), © udok (S. 44 links), © DanCardiff (S. 51
unten), © CobraCZ (S. 52/53), © cookelma (S. 54/55 und S. 59), © Georgetheforth (S. 54 Astronaut),
© Spectral-Design (S. 54 oben), © 1971yes (S. 54 unten)

Übrige: © by 4028mdk09/Wikimedia Commons (S. 6 und S. 21), © Noop1958/Wikimedia Commons
(S. 24 rechts), © Bundesarchiv (S. 26 links), © Greg L/Wikimedia Commons (S. 33), © Nicole-Siriluck
Greul/Lufthansa mediaBase (S. 37 Mitte), © by AMREF Flying Doctors/Wikimedia Commons (S. 43
rechts), © WWF Green Renaissance (S. 42 links), © Wikimedia Commons (S. 53)

www.ueberreuter.de

LESEFORSCHER **C**
entdecken – staunen – lesen lernen

Kathrin Köller

Fliegen:

Von schnellen Vögeln
und tollen Fliegern

Mit Illustrationen von Julia Dürr

Filu
LESE-
FORSCHER

ueberreuter

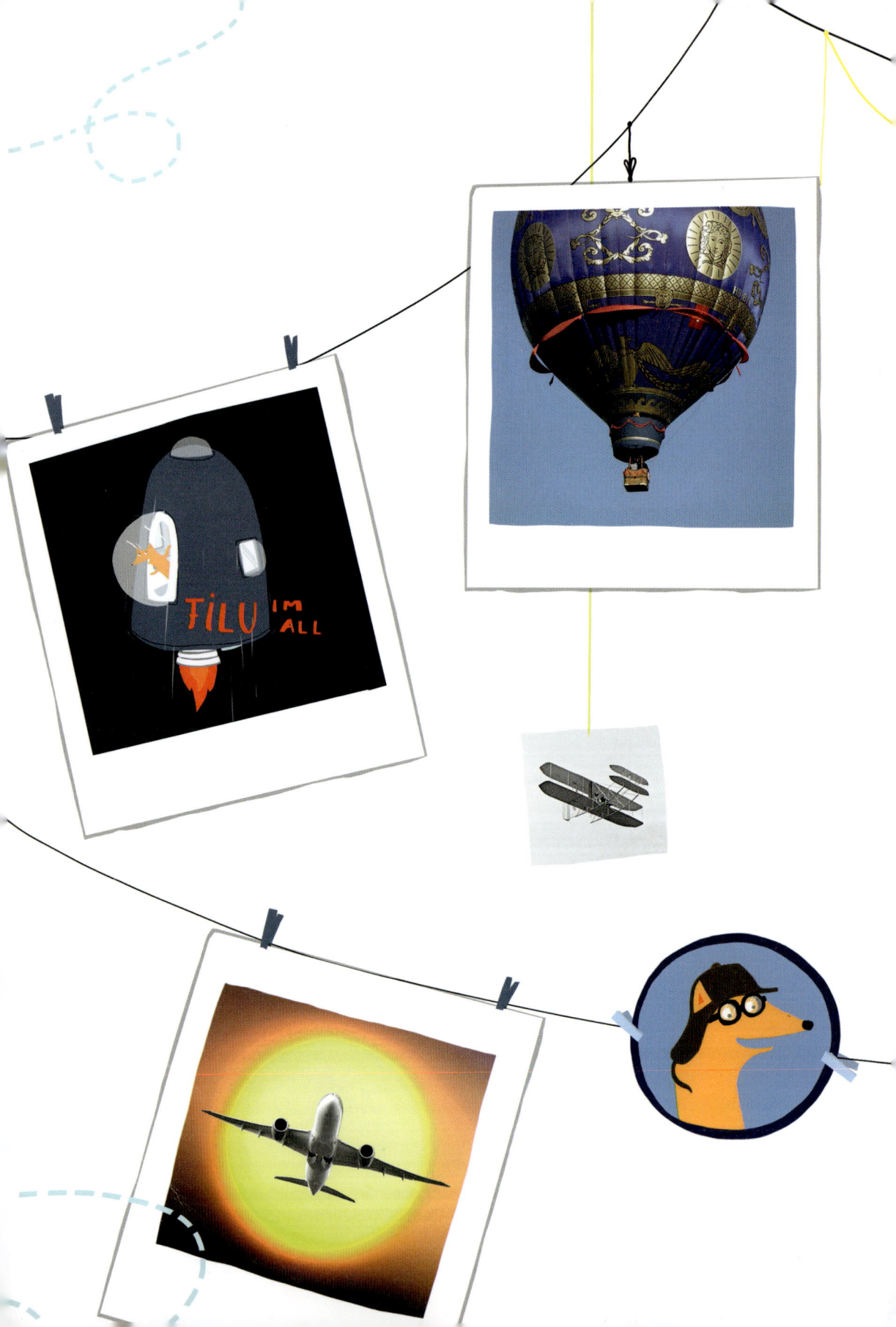

TiLU IM ALL

Inhalt

TRAUMFLIEGER

**Seit es Menschen gibt,
träumen sie vom Fliegen.
Und genauso lange haben
sie Angst davor.**

Noch bevor die ersten Flugzeuge erfunden wurden,
erzählten sich die Menschen Geschichten:
von fliegenden Göttern, Geistern und Pferden.

Zwei Dinge kamen darin immer vor:
Die Sehnsucht, frei wie ein Vogel zu sein.
Und die Angst abzustürzen.

HERMES

Hallo, ich bin Hermes, der **Götterbote**.
Zeus, mein Vater, hat mir goldene
Flügelsandalen geschenkt.
Damit fliege ich schneller als das Licht.
Sagt man.
Ich bin aber auch der **Gott der Diebe**,
der Magie und der Redekunst.
Also, lasst euch nicht von mir
hinters Licht führen!

PEGASUS

Wer will auf mir reiten? Ich bin das berühmte fliegende Pferd.
Auf mir flog der griechische Held **Bellerophon**
und besiegte ein Monster.

Danach wurde Bellerophon allerdings zu eingebildet
und hielt sich für einen Gott. Das konnte Zeus,
der oberste Gott, nicht zulassen.

Ich musste Bellerophon abwerfen.
Seitdem ist der Platz zwischen meinen
Flügeln wieder frei. **Na, wie wär's?**

IKARUS

Nimmst du mich vielleicht mit?
Ich konnte auch mal selbst fliegen.
Mein Vater hatte mir aus Vogelfedern und
Wachs Flügel gemacht.
Es war wunderbar, damit zu fliegen.

Doch ich flog zu nah an die Sonne heran. Da war
es leider um meine schönen Flügel geschehen.
Das Wachs schmolz und ich stürzte ab.

Im Himmel

Was machst du denn hier?
Hau ab!

Ich dachte nur ...
Schließlich kann ich auch fliegen.
Schau dir meine Flügel an.

Verzieh dich.
Kein Mensch will fliegen
wie der Teufel.
Wenn man von Helden redet,
nennt man sie fliegende Engel.
Oder Engel aus der Luft.
Oder Schutzengel.

Ist ja gut,
ich geh ja schon.

Ich bitte vielmals um Verzeihung.
Wir Engel beschützen die
Menschen nicht nur vor dem Teufel.
Wir kommen auch sofort angeflogen,
wenn man uns braucht.

In der Urzeit

Hey, wir sind zwar vor 66 Millionen Jahren ausgestorben. Aber uns gab es wirklich.

Flugsaurier

Beeindruckend! Ich gehe jetzt zu den Nachfahren der Flugsaurier: zu den Vögeln. Die sind nämlich die wahren Flugexperten.

Ich war der Größte! Möchte jemand meine Flügelspannweite wissen? 11 Meter, liebe Leute. Könnt ihr gern mal ausmessen. Ich flog über das Meer und fing mir mit meinem langen Schnabel Fische.

Tierische Flieger

Wir sind tierisch stolz
auf unsere Schüler!
Vögel, Insekten und
Flugsaurier arbeiten hier
zusammen. Gemeinsam lernen
und verfeinern sie ihre
Flugtechniken.
Vorhang auf
für unsere Stars!

HERZLICH WILLKOMMEN IN DER SCHULE DER TIERISCHEN FLIEGER

Rekord: 3,5 Meter Flügelspannweite

bis zu 12 Kilo schwer

I. Platz

Gleitflug

REKORD:
SCHNELLSTE LANGSTRECKENFLIEGERIN

Alfa
Albatros

Alfa Albatros ist Meisterin im **dynamischen Segelflug**.

Obwohl sie zu den schwersten Vögeln gehört, die überhaupt fliegen können, schafft sie locker **120 Stundenkilometer**. Und das, ohne mit den Flügeln zu schlagen.

Sie nutzt geschickt den Wind und verbraucht dabei kaum Energie. Nach ihrem Vorbild haben die Menschen die **Segelflugzeuge** konstruiert.

fast auf der ganzen Welt zu Hause

kleine, kräftige Flügel

Sturzflug

REKORD: SCHNELLSTER STURZFLIEGER

1. Platz

Wally
Wanderfalke

Schon im Normalfall hat Wally Wanderfalke um die 100 Stundenkilometer drauf. Wenn er Beute erspäht, beschleunigt er mit seinen kleinen, kräftigen Flügeln. Mit bis zu **320 Stundenkilometern** stürzt er sich in die Tiefe.

Dieses Tempo schafft er, weil die Luft an seinem Körper wie an **einem Tropfen** vorbeiströmen kann. Menschen bewundern den Falken für seine Stärke und Geschwindigkeit.

kann rückwärts
und seitwärts
fliegen

1. Platz

Schwirrflug

REKORD:
90 FLÜGELSCHLÄGE PRO SEKUNDE

Koko Kolibri

Koko Kolibri beherrscht den Schwirrflug wie kein anderer Vogel.
Sie kann in der Luft stehen und gleichzeitig Blütennektar trinken.
Diese Technik machen die Menschen mit **Hubschraubern**
nach.

Koko braucht sehr viel Nahrung.
Sie muss sich jeden Tag die Hälfte ihres Körpergewichts
anfressen, weil ihre Flugkünste so viel Energie verbrauchen.

Wer fliegt, wer ist Bodenpersonal?

Schnabel? Federn? Flügel?

Bei mir ist alles dran,
was man zum Fliegen braucht.
Um in die Luft zu kommen,
bin ich allerdings zu **schwer**.
Was soll ich auch da?
Viel zu anstrengend.

Ich bin ein Vogel,
der nicht fliegen kann.

Ich fliege lieber unter Wasser.

Mit meinen Flügeln verschaffe
ich mir **Auftrieb** und **Vortrieb**.
So schieße ich durchs Wasser
und jage mein Lieblingsessen: Fische.
Ich tauche bis zu **530 Meter tief**.
Nicht schlecht, oder?

Pinguin

Ich bin ein Säugetier und kann fliegen.

Fledermaus

Wer bin ich?

Natürlich können Mäuse nicht fliegen. Aber wer sagt, dass ich eine Maus bin? Ein Vogel bin ich aber auch nicht! Statt Federn habe ich eine **Flughaut**, mit der ich wunderbar gleiten kann.

Superohren

Ich fliege nachts und sende **Ultraschalltöne** aus. Die Schallwellen prallen an Hindernissen und Insekten-Leckerli ab und kommen wieder zurück. So weiß ich ganz genau, wo es was zu naschen gibt und wo ich lieber nicht hinfliege. Keine schlechte Technik, oder?

Ich bin ein Vogel, der lieber läuft.

Ja, klar bin ich ein Vogel.

Sogar der größte der Welt. Flügel habe ich auch. Schau mal. Schön, nicht wahr? Aber Fliegen?

Ich liebe meine Flügel.

Sie spenden Schatten und helfen mir, beim Laufen das **Gleichgewicht** zu halten.

Hab ich schon gesagt, dass ich ein super Läufer bin? Mein Rekord liegt bei **70 Stundenkilometern**. Wer will da schon fliegen?

Vogel Strauß

17

Warum Vögel
fliegen können

 Ganz schöner Krach, oder?

 Ach, das sind die Menschen mit ihren Flugmaschinen.
Das war gerade der Airbus A319 aus Wien.
Pünktlich gelandet um 16.15 Uhr.
Und da im Landeanflug siehst du die DHC-8 aus Graz.

 Wow, du kennst dich gut aus. Nervt es dich,
dass die Menschen so einen Krach machen müssen?
Wenn du fliegst, ist es nicht so laut.

 Na ja, Menschen sind nicht weit genug entwickelt,
um selbst fliegen zu können. Hast du dir schon mal ihre
Flügel angeschaut? Keine **Deckfedern**, die wie Ziegel
übereinanderliegen. Sehr ungünstig für die Strömung.

Stimmt. **Schwungfedern** haben sie auch nicht.

 Genau. Deswegen können sie ihre Flügel nicht zu einer Fläche ausbreiten. Die Luft trägt sie nicht und sie können nicht schweben. Und **Schwanzfedern** zum Steuern fehlen den Menschen auch.

 Die Knochen der Menschen sollen sehr schwer sein.

 Eben. Menschen-Knochen sind nicht hohl wie bei uns Vögeln und sie enthalten auch keine Luftsäcke. Und ihre Brustmuskeln erst! Selbst wenn ihre Flügel besser wären. Mit Menschen-Muskeln lassen sich Flügel nicht in Schwung bringen.

 Deswegen können Menschen also nicht wie Vögel fliegen. Die Armen!

Deckfedern

Schwungfedern

Schwanzfedern

Menschen sind ja intelligent. Deswegen haben sie sich bei ihren Flugzeugen ganz viel von uns Vögeln abgeguckt.

WER NICHT WAGT, DER NICHT FLIEGT

Am Anfang war der Ballon

Die Geschichte der Luftfahrt ist voller Brüder. Sie tüftelten gemeinsam, machten Entdeckungen und gaben auch nicht auf, wenn mal etwas schiefging.

Leichter als Luft

Als Erstes entdeckten die Brüder Montgolfier, dass heiße Luft nach oben steigt. 1783 schwebte der erste Heißluftballon in die Pariser Luft.

Reise ins Ungewisse

Kurz darauf wurden die Gasballons erfunden. Weil sich das Gas nicht abkühlte, konnte man länger in der Luft bleiben. Flugreisen mit dem Ballon waren ein echtes Abenteuer. Man wusste nie, wohin man flog. Steuern ließen sich die Ballons nämlich nicht.

Montgolfière

Das erste
Luftschiff
1852

Zeppelin

Vom Ballon zum Luftschiff

Das erste Luftschiff war im Prinzip auch ein Ballon. Ein riesiger Langballon, 44 Meter lang. Er wurde von einer Dampfmaschine angetrieben. Zum Steuern nutzte Erfinder Henri Giffard ein Segel.

Giganten der Lüfte

Die Luftschiffe des Grafen Zeppelin funktionierten mit Wasserstoff-Gas. Sie hatten Höhenruder und Seitenruder zum Steuern. Der **LZ 127 Graf Zeppelin** schaffte es als erstes Luftschiff, einmal die Welt zu umrunden. Graf Zeppelin war ein Riese: 236 Meter lang! Ein heutiger Jumbo-Jet ist winzig im Vergleich.

ab 1883
Otto Lilienthal

Der Mensch hebt ab!

Von den Vögeln lernen

Wer fliegen will, muss sich die
Experten anschauen, sagte Otto
Lilienthal. Und das sind natürlich die
Vögel. Otto Lilienthal beobachtete
den Vogelflug und entwickelte mit
seinem Bruder 25 verschiedene
Fluggleiter. Sie hatten tolle Namen:
Kleiner Schlagflügel-Apparat,
Sturmflügel-Modell und
Normal-Segel-Apparat.
Seine Flügel-Apparate wurden
immer besser. Wenn sie einmal in
der Luft waren.

Lilienthals Luftsprünge

Doch wie kam er hinauf?
Lilienthal sprang mit seinen Gleitern
erst vom Sprungbrett und später
von einem Hügel in die Luft.

Steuern ließen sich die Gleiter noch
nicht richtig. Bei seinem 2001. Flug
trieb der Wind Lilienthal ab. Er
stürzte 17 Meter in die Tiefe. Diesen
Flugversuch überlebte Otto Lilienthal
leider nicht.

Gebrüder Wright

Keine Angst vor Bruchlandungen!

1. Flugplatz Berlin-Johannisthal

Vom Fahrrad zum Flugzeug

Wilbur und Orville Wright besaßen eine Fahrradwerkstatt in den USA und waren von Kindheit an **Tüftelbrüder**. Der Absturz Otto Lilienthals berührte die Brüder. Sie wollten herausfinden, wie man die Gleiter lenken kann. So erfanden sie im Jahr 1903 das erste steuerbare Motorflugzeug. Als sie nach Europa kamen, glaubte zunächst niemand, dass sie wirklich fliegen konnten. Aber das Vorfliegen klappte. Seitdem war die Welt flugverrückt.

Berliner Luftsprünge

Auch in Deutschland brach das Flugfieber aus. 1909 entstand in **Berlin-Johannisthal** der erste deutsche Flughafen. Wegfliegen konnte man von dort aber nicht. Es ging darum, in die Luft und dann irgendwie wieder runterzukommen. Es fanden Wettbewerbe und Flug-Shows statt. Um den Flugplatz herum war ein Zaun. Von außen sah es aus, als würden die Flugzeuge Trampolin springen.

Melli Beese

1. Weltkrieg

Die Pionierin

Viele Piloten flogen nicht nur, sondern bauten auch selbst Flugzeuge. So wie **Melli Beese**. 1911 machte sie als erste Frau ihren Flug-Führerschein. Sie nahm an Flugwettbewerben teil und gründete eine Flugschule. Nach jedem Absturz verbesserte sie ihre Maschinen. 1913 entwarf sie sogar ein Flugboot und ein zerlegbares Flugzeug.

Das Ende

1914 begann der Erste Weltkrieg. Damit war die Zeit der verrückten Experimente vorbei. Melli Beese durfte nicht mehr fliegen, weil sie eine Frau und ihr Mann Franzose war und damit zum Feind erklärt wurde. Jetzt wurden die Flugzeuge benutzt, um den Feind auszuspähen. Die Piloten hatten Gewehre dabei und versuchten, sich gegenseitig abzuschießen. Bald wurden die Flugzeuge so weiterentwickelt, dass sie Bomben abwerfen konnten.

Startklar? Landebereit!

Sog

Tragfläche

Schub

Druck

Luftstrom oben

Luftstrom unten

Jetzt will ich es genau wissen. Wie kann so ein schwerer Brummer fliegen? Schwungfedern hat er nicht und mit den Flügeln schlagen kann er auch nicht.

Er ist ja auch kein Vogel. Auch wenn sich Otto Lilienthal viel bei uns abgeschaut hat.

Mit Auftrieb in die Lüfte

Statt Flügeln haben Flugzeuge Tragflächen. Diese Tragflächen sind gewölbt. Dadurch hat die Luft **über** der Tragfläche einen längeren Weg als die Luft **unter** der Tragfläche. Oben fließt die Luft schneller als unten. Über den Tragflächen entsteht ein **Sog** und unter ihnen **Druck**.

Zusammen ziehen Sog und Druck die Tragflächen und damit das Flugzeug nach oben. Je schneller der Wind um die Tragflächen herumweht, desto stärker ist der **Auftrieb**. Und desto schneller steigt das Flugzeug in die Luft.

Schub

Um schnellen Wind zu bekommen, braucht das Flugzeug **Schub**. Dafür sorgen die Triebwerke. Sie treiben das Flugzeug nach vorn.
Außerdem sorgen sie für ziemlich viel Krach.

In der Luft

Von unten sieht es gar nicht so aus, aber oben in der Luft gibt es viel Verkehr. Deshalb wird in Schichten geflogen.

Fliegende Füße

In der Luftfahrt misst man die Höhe in Füßen. Ziemlich großen Füßen. Ein Fuß = 30,48 cm = Schuhgröße 48

Oberstes Stockwerk:
10.000 Meter bis 15.000 Meter

Große Düsenflugzeuge auf Langstreckenflügen

Sie fliegen über den Wolken. Hier ist der Luftwiderstand geringer und die Maschinen verbrauchen weniger Treibstoff.

Vierter Stock:
8.000 bis 10.000 Meter

Kurzstrecken-Flieger

Dritter Stock:
4.000 Meter

Absprunghöhe für **Fallschirmspringer**

Zweiter Stock:
1.500 Meter bis 3.000 Meter

Flugzeuge im Landeanflug, Kleinflugzeuge, Segelflieger

Hier ist es ziemlich windig. Das ist ideal für Segelflieger, aber das Landen macht es nicht einfacher.

Erster Stock:
100 bis 2.000 Meter

Hier fliegt Familie H: **Hängegleiter, Hubschrauber, Heißluftballons**. Außerdem Aufenthaltsort der tierischen Flugschule. Manche Zugvögel fliegen aber auch schon mal in den zweiten oder sogar in den dritten Stock.

Top

4

3

2

1

Und wie kommt der Vogel wieder runter?

Albatros

Landen ist nicht das Spezialgebiet von Albatrossen.
Normalerweise landen Albatrosse im Wasser.
Da ist es nicht so schlimm, wenn die Landung nicht ganz glückt.
Wenn Albatrosse brüten, leben sie in Brutkolonien an Land.
Dort haben sie Start- und Landebahnen,
auf denen es manchmal zu Bruchlandungen kommt.

Eule

Also, ich mache das so:

1. Gleiten
2. Körper aufrichten, also in der Luft stehen
3. mit Flügeln nach vorne schlagen, um zu bremsen
4. zur Landung Beine vor

Beim Flugzeug klingt das komplizierter, aber das Prinzip ist gleich:

- Triebwerke verringern den Schub
- Anstellwinkel wird verändert, damit das Flugzeug sinkt

- Landebahn ansteuern und Geschwindigkeit reduzieren

- Aufsetzen mit dem Hauptfahrwerk
- Aufsetzen mit dem Vorderfahrwerk
- Bremsen mit Störklappen und Schubumkehr
- Ausrollen

DAS WUNDER VON NEW YORK

1

Am 15. Januar 2009 gelang eine der tollsten Landungen, seitdem Menschen fliegen können.

Es ist Donnerstag. Die Sonne scheint, aber es ist sehr kalt.
Der Airbus A320 mit dem Namen Cactus 1549 ist in New York
gestartet. Er soll nach Charlotte in North Carolina fliegen.
155 Menschen sind an Bord.

Hudson River

2

Die Maschine steigt mit einer Geschwindigkeit von 321
Stundenkilometern in die Luft. Bei einer Flughöhe von 3.200
Fuß wird sie von Vögeln getroffen. Es klingt wie eine Bombe.
Die beiden Triebwerke der Maschine fallen aus.

3

Der Pilot verständigt die Luftkontrolle und plant
zurückzufliegen. Er ist sieben Meilen vom Abflugort entfernt.
Das Flugzeug sinkt um 18 Fuß pro Sekunde.
Pilot und Kopilot haben weniger als drei Minuten,
bevor das Flugzeug in New York aufschlagen wird.

Das Gespräch zwischen Fluglotse und Pilot geht ungefähr so:

Fluglotse:	Cactus 1549, Sie können auf Landebahn 4 in Teterobo landen.
Pilot:	Können wir nicht.
Fluglotse:	Okay, welche Landebahn hätten Sie gerne?
Pilot:	Wir nehmen den Hudson.
Fluglotse:	Entschuldigung? Was haben Sie gesagt, Cactus?

Pilot eines anderen Flugzeugs:
Ich glaube, er hat gesagt,
er fliegt in den Hudson.

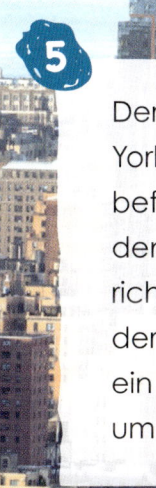

Der Hudson ist ein Fluss, der mitten durch New York fließt. Der Pilot schafft es, einer riesigen, befahrenen Brücke auszuweichen. Er fliegt an den Häusern der Stadt vorbei und trifft genau den richtigen Landewinkel, sodass das Flugzeug bei der Landung nicht zerbricht. Sieben Schiffe und ein Helikopter mit Fallschirmspringern kommen, um die Passagiere und die Crew zu retten.

New York LGA nach Hudson River

Geplante Flugdauer:	2 Stunden
Tatsächliche Flugdauer:	knapp 6 Minuten
Gewicht:	60 Tonnen
Pferdestärke:	40.000
Menschen an Bord:	155
Gerettete Menschen:	155
Kapitän:	Chesley B. Sullenberger
Kopilot:	Jeffrey B. Skiles

Frachter der Lüfte

Flugzeuge bringen Menschen schneller als jedes andere Verkehrsmittel in andere Städte, Länder und Zeitzonen.

Air Company ✈ | BOARDING PASS

Nur Menschen?

Während die Passagiere oben Tomatensaft trinken, fliegen im Bauch des Flugzeugs jede Menge Güter mit. Die Hälfte aller Waren, die mit dem Flugzeug transportiert werden, nehmen Passagierflugzeuge mit. Für die andere Hälfte gibt es Transportmaschinen.

Air Company ✈ | BOARDING PASS

Expressdienst

Immer wenn es besonders schnell gehen soll, ist das Flugzeug die beste Wahl. Ein Großteil der Pakete und Briefe kommt so um die Welt. Viele Lebensmittel haben eine oder mehrere Flugreisen hinter sich, bevor sie im Supermarkt landen.

Air Company ✈ | BOARDING PASS

Weltreisende

Schaut man genau hin, sieht man mancher Erdbeere oder Mango die Reisemüdigkeit noch an. Und sogar Tiere fliegen mit dem Flugzeug. Am Flughafen in Frankfurt hat man sich auf die tierischen Passagiere spezialisiert.

Tiere auf Reisen

So viele Tiere kommen jedes Jahr durch Frankfurt, Europas größten Flughafen:

2.000 Pferde

8.000 Schweine

300 Tonnen Angelwürmer

15.000 Hunde und Katzen

150 Zootiere

80 Millionen Zierfische

Am Frankfurter Flughafen gibt es die modernste Tierstation der Welt: die Animal Lounge.
Tierpfleger kümmern sich hier um das Wohlergehen der tierischen Passagiere.

Die meisten der reisenden Pferde sind Profi-Sportler. Mit ihren Pflegern sind sie zum nächsten Dressur-, Spring- oder Polo-Turnier unterwegs. Echte Weltreisende!

Damit die Tiere sich möglichst wohlfühlen, gibt es artgerechte Boxen, gutes Essen, den nötigen Auslauf und kurze Wartezeiten.

Schwer-transporter

Die **Airbus Beluga** ist ein Transportflugzeug, das auf übergroße und sperrige Waren spezialisiert ist. Seinen Namen hat das Flugzeug wegen seiner Schnauze, die an einen besonderen Meeresriesen erinnert.

Belugawal

Besondere Eigenschaft:
kann singen und sprechen.
In Japan haben Forscher einem Belugawal die Worte „Eimer" und „Flosse" beigebracht.

Fortbewegung:
kann vorwärts und rückwärts schwimmen

Bevorzugte Route:
Alaska, Kanada, Russland – da, wo es schön kalt ist. Ein Wal kam aber auch mal nach Deutschland. Er schwamm den Rhein hinunter bis nach Bonn.

Bestand:
ca. 60.000 weltweit

Lebenserwartung:
ca. 30 Jahre

Länge:
3 bis 6 Meter

Gewicht:
400 bis 1.000 Kilogramm

Geschwindigkeit:
bis 22 Stundenkilometer

Spitzname:
Kanarienvogel der Meere

Besonderes Merkmal:
weiße Farbe

Beluga

Länge:
56 Meter

Gewicht:
ohne Ladung 86.400 Kilogramm

Geschwindigkeit:
750 Stundenkilometer

Spitzname:
A 300-600ST Super Transporter

Besonderes Merkmal:
Schnauze, die an den
Belugawal erinnert

Besondere Eigenschaft:
hat einen 37,7
Meter langen und
über 5 Meter breiten Laderaum
und kann darin supergroße,
sperrige und schwere
Gegenstände transportieren

Bevorzugte Route:
auf der ganzen Welt zu Hause,
fliegt besonders oft nach
Hamburg oder Toulouse

Bestand:
5 Exemplare weltweit

Lebenserwartung:
60 Jahre

Hauptrotor

Der Hauptrotor besteht aus Rotorblättern.
Die Blätter sind geschwungen wie die
Tragflächen der Flugzeuge.
Die Luft fließt obenrum schneller als untenrum.
Dadurch wird Auftrieb erzeugt.

Motor

Starkes Stück!
Er treibt die
Rotorblätter an
und sorgt dafür,
dass der
Hubschrauber
schnell in die Luft
kommt.

Höchstgeschwindigkeit:

259 Stundenkilometer!
Und das Luftlinie!
Auf dem direkten Weg zum Ziel!

Heckrotor

Meister des Gleichgewichts:
Der Hauptrotor dreht mit
so viel Kraft, dass es den
Hubschrauber um die eigene
Achse wirbeln würde.
Hier kommt der Heckrotor ins
Spiel: Er muss gegensteuern.

Trumpf

SENKRECHT-START

Aus dem Stand in die Höhe?
Kein Problem!
Startbahn: unnötig.
Mit der Kolibri-Technik
schraubt sich der
Hubschrauber
mit maximal 7,6 Metern pro
Sekunde in die Höhe.

Trumpf

LANDUNG AUF KLEINSTER FLÄCHE

Parken auf einem
Hochhaus? Kein Problem!
Landebahn: unnötig.
Durch seine Rotorblätter
kann sich der Hubschrauber
auch ganz gezielt wieder
runterlassen.

Trumpf

TRANSPORT-GENIE

In den Hubschrauber
passen zwar nicht viele
Leute.
Dafür kann man aber eine
Menge dranhängen.
Zum Beispiel Motorsägen,
um bei Waldbränden
Bäume wegzuschneiden.

Trumpf

IN DER LUFT STEHEN

Kann das ein Flugzeug?
Nein, kann es nicht.
Ist aber ziemlich wichtig,
wenn man sich zum
Beispiel abseilen oder
abspringen will.

Nashorn-Transport

Wasserbomben-Werfer

HELDEN DER LÜFTE

Rhinozeros-Reisetransporter

Die schwarzen Rhinozerosse sind
2.000 Kilogramm schwer. Und sie
schweben mehrere Hundert Meter
durch die Luft. Es handelt sich um
eine Tierschutz-Aktion des WWF.
Für die betäubten Nashörner ist dies
die angenehmste Form zu verreisen.
Sie werden per Hubschrauber
in einen Tierpark transportiert,
wo sie vor Wilderei geschützt sind
und neue Familien gründen können.

Feuerwehr von oben

Sie fliegen über das Feuer
und schmeißen Bomben.
Wasserbomben.
Bei Waldbränden sind sie
pausenlos im Einsatz.
Die Piloten der Löschflugzeuge
kämpfen gegen die Zeit.
Denn das Feuer ist schnell.
Wenn sie ihre Wasserladung
versprüht haben, fliegen sie
zur nächsten Wasserstelle,
um zu tanken.

Retter aus
der Luft

Weite-Wege-
Überwinder

Lebensretter

Mit 200 Stundenkilometer
auf dem kürzesten Weg ins
Krankenhaus? Das schaffen nur
die Hubschrauberpiloten. Sie
transportieren Rettungskräfte
an Orte, an die man sonst nur
schwer oder langsam hinkommt.
Die Rettungskräfte seilen sich ab,
verpacken die Verletzten und lassen
sich gemeinsam wieder hochziehen.
Notfalls behandeln sie gleich im
Hubschrauber.

Afrikas fliegende Ärzte

Afrika ist riesig. Viele Menschen
leben auf dem Land. Der
Weg zum nächsten Arzt oder
Krankenhaus ist weit. Also müssen
die Ärzte zu den Menschen
kommen, dachten sich die
Gründer von Afrikas fliegenden
Ärzten. Sie fliegen in schwer
zugängliche Gebiete. Sie bilden
Ärzte und Schwestern aus und
transportieren Patienten in
Krankenhäuser.

Klar, Piloten haben einen aufregenden Job.

Aber ohne das Bodenpersonal läuft gar nichts.

Beziehungsweise fliegt nichts.

am Flughafen

Fluglotse

Du behältst immer den Überblick?
Dann bist du bei uns genau richtig.
Ohne uns dürfen Piloten weder starten noch landen.

Das sind deine Aufgaben:
+ Piloten den Weg auf ihre Startposition beschreiben
+ Starterlaubnis geben
+ für verspätete Flugzeuge eine sichere Landebahn
  organisieren

Das bringst du mit:
+ Du hast eine klare Stimme.
+ Du sprichst gerne mit Menschen aus aller Welt.
+ Du kannst dich sehr gut konzentrieren.
+ Du kannst gut zuhören.
+ Du triffst schnell und sicher
  Entscheidungen.

Wir freuen uns auf dich!

Ramp Agent

Noch nie von uns gehört?
Dann haben wir unseren Job gut gemacht.
Wir arbeiten im Hintergrund und sorgen
dafür, dass alles reibungslos läuft.

Was wir machen:

+ Braucht jemand Hilfe beim Aussteigen?
+ Sind genügend Essen an Bord für den nächsten
  Flug?
+ Haben die Piloten alle Flugdokumente? Wir Ramp
  Agenten sorgen dafür, dass zwischen Landung
  und Neustart eines Flugzeugs alles glattgeht.

Gehörst du dazu?

Du kümmerst dich gerne um Menschen?
Du verlierst nicht den Überblick,
wenn viele Sachen gleichzeitig passieren müssen?

Dann komm zu uns und werde Ramp Agent!

Die Motorlosen

Segelflugzeuge haben gebogene Tragflächen,
so wie Motorflugzeuge auch. Oben fließt die Luft
schneller um die Tragflächen herum als unten.
Aber klar, ohne Motor kein Schub.
Und ohne Schub kein Auftrieb.

Wie also kommen sie in die Luft?

Antwort 1: Mit einer Winde

1.000 Meter Kabel:

Ende 1: eine Kabelspule

Ende 2: unter dem Segelflieger eingehakt

Will das Flugzeug starten, wird das Seil mit großer
Geschwindigkeit auf die Spule aufgerollt.
Dadurch wird das Flugzeug in die Höhe gezogen.
Ist es hoch genug, klinkt der Pilot das Seil aus.

Flügelspannweite:	15-30 Meter
Gewicht:	circa 400 Kilogramm
Flugdauer:	bei guter Thermik maximal von morgens bis abends
Führerschein:	Training ab 14 Jahren, Luftfahrerschein ab 17

Flügelspannweite:
15-30 Meter

Antwort 2:
Per Schleppdienst

Wieder ein Kabel:
Ende 1: ein Motorflugzeug
Ende 2: unter dem
Segelflieger eingehakt
Das Motorflugzeug zieht den
Segelflieger in die Luft.
Ist er hoch genug, klinkt er sich
aus und fliegt allein weiter.

WIESO SINKT DAS SEGELFLUGZEUG NICHT GLEICH WIEDER?

💡 Ein Segelflugzeug ist leicht und hat lange Flügel wie ein Albatros.
So kann es stundenlang durch die Luft kreisen.

💡 Außerdem gibt es die **Thermik**:
Das ist von der Sonne erwärmte Bodenluft, die nach oben steigt.
Sie nimmt das Segelflugzeug wieder mit nach oben.
Thermik gibt es allerdings nur tagsüber.

💡 Aufwinde am Berg helfen auch, um wieder an Höhe zu gewinnen.

WIE LÄSST SICH EIN SEGELFLUGZEUG STEUERN?

Steuern	Was macht die Pilotin?	Was passiert am Flugzeug?
↗ steigen	Pilotin zieht Steuerknüppel zu sich ran.	Höhenruder geht nach oben.
↘ sinken	Pilotin drückt Steuerknüppel von sich weg.	Höhenruder klappt nach unten.
→ nach rechts fliegen	Pilotin bewegt den Steuerknüppel nach rechts.	Am Hauptflügel klappt das Querruder links nach unten und das Querruder rechts nach oben.
← nach links fliegen	Pilotin bewegt den Steuerknüppel nach links.	Am Hauptflügel klappt das Querruder rechts nach unten und das Querruder links nach oben.

ACHTERBAHN IN DER LUFT

Segel-Kunstflieger setzen
noch einen drauf.
Sie überschlagen sich und
malen Figuren in die Lüfte.

Looping (sprich: Luping)

Der Rückwärtssalto hoch
oben in der Luft!
Einmal, zweimal, manchmal
sogar dreimal hintereinander.

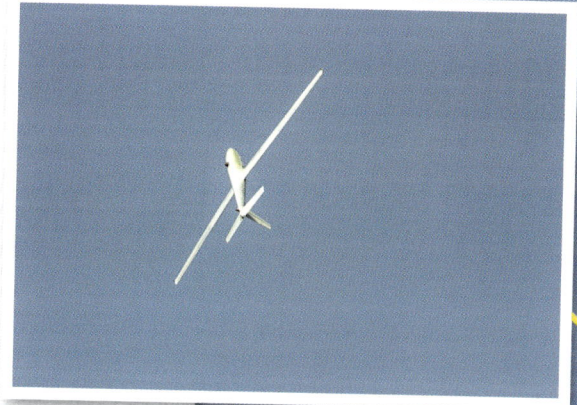

Trudeln

Die Kunstflieger stürzen
um die eigene Achse
nach unten.
Natürlich fangen sie sich
rechtzeitig wieder auf.

Rückenflug

Unglaublich! Die Flieger
drehen sich auf den Rücken.
Das Flugzeug liegt falsch
herum in der Luft.

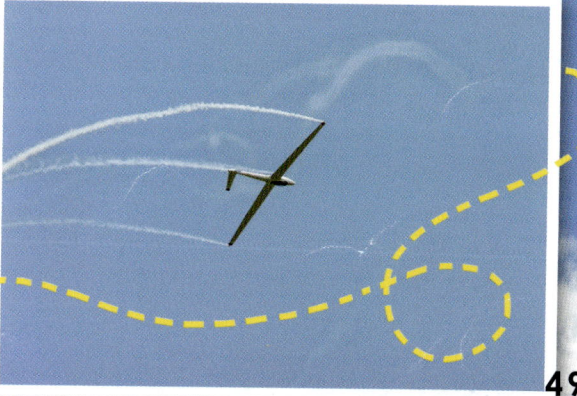

49

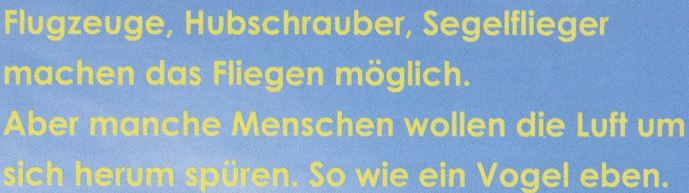

Flugzeuge, Hubschrauber, Segelflieger
machen das Fliegen möglich.
Aber manche Menschen wollen die Luft um
sich herum spüren. So wie ein Vogel eben.

Verrückte Vögel

Rasanter Sturzflug

Fallschirmspringer springen aus
dem Flugzeug ins Nichts. Aus einer
Höhe von bis zu 4.000 Metern.
Eine Minute lang fallen sie durch den
Himmel. Bei 1.500 Metern öffnet sich
der **Fallschirm**. Ab da geht es etwas
langsamer runter. Nach 5-7 Minuten
Fallschirmgleiten landen
die Springer am
Boden.

Völlig entspannt

Gleitschirmfliegen ist wie unter einem großen Sonnenschirm durch die Lüfte schweben. Das Gurtzeug ist mit Leinen am Schirm befestigt. Über Zugleinen lässt sich der Schirm gut steuern. Gleitschirmflieger können genau bestimmen, wo sie hinfliegen und landen wollen.

Der Pilot sitzt im Gurtzeug.

Drachenflieger
Flügel ca. 11 Meter Spannweite

Der Pilot liegt waagerecht unter den Flügeln.

Otto Lilienthals Nachfahren

Die meisten **Drachenflieger** starten am Hang. Sie laufen, bis sie ins Leere treten und die Flügel sie tragen. Steuern geht mit dem eigenen Körper. Nach links drehen und man fliegt nach links. Nach rechts drehen und man fliegt nach rechts. Je nach Wetter und Ausgangspunkt können Drachenflieger Hunderte Kilometer weit fliegen.

In den Weltraum

ISS sind die Anfangsbuchstaben von
International Space Station.*

*Englisch für:
Internationale
Raumstation

Raus aus der Luft und rein
in den Weltraum!
Zu den Forschern der ISS.

Die ISS ist das größte internationale Projekt
seit Beginn der Raumfahrt. Im Gegensatz zu
Satelliten ist die Raumstation bemannt.
Das heißt, hier leben und forschen Männer und Frauen.
1998 wurde das erste Modul der Forschungsstation in
den Weltraum geschossen. Heute sind bereits 14 Module
angedockt. Die Sonnenpaneele sorgen für Strom.

In manchen Modulen wird experimentiert,
in anderen wohnen die Forscher. Ihr Lieblingsort ist
die **Cupola**, der Aussichtsturm auf die Welt.
Hier kann man sehen, wie man über
die Erde fliegt.

SUPERTRUMPF ISS

Start:	1998 mit einem Modul
Wohnort:	ständig woanders, aber immer im Abstand von 400.000 Kilometern zur Erde
Geschwindigkeit:	28.000 Kilometer pro Stunde
Erdumrundung:	1-mal pro 90 Minuten
Größe:	108 Meter × 88 Meter
Sichtbarkeit:	mit bloßem Auge von der Erde aus, Überflugzeiten kann man im Internet erfahren
Aufgabe:	Messung kosmischer Strahlen, Forschungen zur Schwerelosigkeit, Vorbereitung einer bemannten Raumfahrt zum Mars
Anzahl Experimente:	mehr als 1.500
Anzahl ISS-Raumfahrer:	211
Kosten:	mehr als 100 Milliarden Euro

LEBEN IM SCHWEBEN

Wie kommen die Astronauten zur ISS?

Mit einen Raumschiff natürlich. Dieses Sojus-Raumschiff startet gerade vom Weltraumbahnhof Baikonur in Kasachstan.

Leben in der Schwerelosigkeit

Im Weltall gibt es keine Schwerkraft. Das bedeutet, dass nichts einen nach unten zieht. Kein fester Boden unter den Füßen. Es gibt nicht einmal ein Oben und ein Unten. Das muss man trainieren. Der Mann auf dem Foto bereitet sich auf einen Einsatz im All vor.

Prost Mahlzeit!

Auf der ISS machen die Astronauten Experimente. Sie probieren aus, wie Pflanzen in der Schwerelosigkeit wachsen. Und sie testen in Versuchen an sich selbst, wie ihre Körper auf die Schwerelosigkeit reagieren. Das Essen wird auf der Erde vorgekocht und in Dosen oder Tuben verpackt. Den Saft trinken sie aus Strohhalmen direkt aus der Tüte. Sonst würde das Getränk durch die Kabine fliegen!

Draußen im Weltraum

Die Astronauten gehen meistens zu zweit nach draußen. In ihren Schutzanzügen setzen sie zum Beispiel Messgeräte im All aus. Stahlseile, die die Astronauten mit der Raumstation verbinden, bewahren sie vor dem Davonschweben ins All.

Zurück auf der Erde

Bei ihrer Rückkehr auf der Erde können die Astronauten kaum laufen.
Ihre Muskeln sind in der Schwerelosigkeit nicht trainiert worden. Selbst den Arm zu heben, kostet die Astronauten viel Mühe. Es dauert einige Zeit, bis sie sich wieder an die Schwerkraft gewöhnt haben und ganz die Alten sind.

DAS QUIZ
FÜR TOLLE FLIEGER

Startbereit für das große Flieger-Quiz? Dann los! Zwischenstopps in den einzelnen Kapiteln sind erlaubt.

1. Traumflieger

Welcher Satz passt zu welchem Flieger?

a Wir beschützen die Menschen nicht nur vor dem Teufel. Wir kommen auch sofort angeflogen, wenn man uns braucht.

b Ich konnte auch mal selbst fliegen. Mein Vater hatte mir aus Vogelfedern und Wachs Flügel gemacht.

c Auf mir flog ein griechischer Held und besiegte ein schreckliches Monster.

d Zeus, mein Vater, hat mir goldene Flügelsandalen geschenkt. Damit fliege ich schneller als das Licht.

2. Tierische Flieger

Welche dieser Tiere können **nicht** fliegen?

a Pinguin

b Wanderfalke

c Kolibri

d Vogel Strauß

3. Wer nicht wagt, der nicht fliegt

Was wurde mit einem Segel gesteuert?

a Otto Lilienthals Normal-Segel-Apparat

b Melli Beeses Flugboot

c Giffards Luftschiff

4. Startklar? Landebereit!

Lande das Flugzeug. Bringe das Manöver in die richtige Reihenfolge.

a ☐ Aufsetzen mit dem Vorderfahrwerk.

b ☐ Bremsen mit Störklappen und Schubumkehr.

c ☐ Ausrollen.

d ☐ Landebahn ansteuern und Geschwindigkeit reduzieren.

e ☐ Aufsetzen mit dem Hauptfahrwerk.

5. Frachter der Lüfte

	RICHTIG	FALSCH
a Die Beluga transportiert Wale nach Frankfurt.	☐	☐
b Im Bauch von Passagierflugzeugen fliegen Post, Obst und Gemüse mit.	☐	☐
c Die zentrale Anlaufstelle für flugreisende Tiere ist Frankfurt.	☐	☐
d Die meisten der 8.000 Schweine, die jedes Jahr durch Frankfurt kommen, sind Profi-Sportler.	☐	☐

6. Was für Helden!

Was kann ein Hubschrauber besser als ein Flugzeug?
Kreuze an, ob die Sätze richtig oder falsch sind.

	RICHTIG	FALSCH
a In einen Hubschrauber passen mehr Passagiere rein.	☐	☐
b Ein Hubschrauber braucht keine Landebahn. Er kann auch auf Gelände landen, wo es nicht viel Platz gibt.	☐	☐
c In der Luft stehen und warten, während die Ärzte sich abseilen? Kein Problem für den Hubschrauber.	☐	☐
d Ein Hubschrauber kann länger fliegen als ein Flugzeug.	☐	☐

7. Die Motorlosen

Wähle die richtige Antwort aus.

1 Wie kommt ein Segelflugzeug in die Luft?
  a mit der Thermik
  b mit der Winde

2 Wie bleibt ein Segelflugzeug in der Luft?
  a mit der Thermik
  b mit der Winde

3 Wie steuert man ein Segelflugzeug?
  a mit dem Steuerknüppel
  b mit der Winde

8. In den Weltraum

1 Was ist ISS?
  a Ein unbemannter Satellit
  b Eine bemannte Raumstation
  c Ein Zwergplanet

2 Wofür sind die Sonnenpaneele da?
  a Für Experimente
  b Zum Aufzeichnen von Sonnenbewegungen
  c Zur Erzeugung von Strom für die ISS

3 Was machen die Raumfahrer auf der ISS?
  a Sie erforschen die Schwerelosigkeit.
  b Sie bereiten eine bemannte Raumfahrt zum Jupiter vor.
  c Sie fliegen mit der Sojus-Raumfähre zum Mond.

1. Traumflieger: 1b, 2d, 3a, 4c
2. Tierische Flieger: a und d
3. Wer nicht wagt, der nicht fliegt: c
4. Startklar? Landebereit!: Reihenfolge Landung d, e, a, b, c
5. Frachter der Lüfte: a) falsch, b) falsch, c) richtig, d) falsch
6. Was für Helden!: a) falsch, b) richtig, c) richtig, d) falsch
7. Die Motorlosen: 1b, 2a, 3a
8. In den Weltraum: 1b, 2c, 3a

URKUNDE

für

tolle Flieger

_____

NAME

Kennst du das schon?

Wie geht ein Flashmob?

Wie tanzt man Latein?
Kann man wirklich tanzend kämpfen?
Und wie geht ein Flashmob?
Mit tollen Fotos und inspirierenden Geschichten von Bollywood zum Wiener Opernball, von den Straßen New Yorks bis nach Kuba: das Allerbeste über Tanz.

- Für fortgeschrittene Leser
- Verblüffende Details, spannende Hintergrundgeschichten
- In cooler Magazinoptik

Kathrin Köller, Julia Dürr
Spitze!
Von Ballett bis Hip-Hop
64 Seiten · Hardcover
ISBN 978-3-7641-5064-8

Herzlichen Glückwunsch!
Du bist ein echter Flugexperte.
Trage deinen Namen auf der Urkunde ein.

Auf www.ueberreuter.de kannst du
dir die Urkunde auch herunterladen.